■ シリーズ ふるさと春日井学 ③

景教碑の風景

「書のまち春日井」の新碑跡
「大秦景教流行中国碑」
そして道風と空海

川口 一彦

「ふるさと春日井学」研究フォーラム

三恵社

まえがき

キリスト教と「書のまち春日井」と聞くと、何かの間違いではと思われるかもしれません。

古代キリスト教の景教が唐代の中国に伝わり「大秦景教」と呼ばれました。遣唐使として派遣された空海はおそらく「景教」をも秘かに学び、真言密教を作るにあたり参考にしたと考えられます。道風・空海・景教は「書のまち春日井」と不思議な縁で繋がっていることがわかります。

川口一彦さんは、キリスト教会(福音派)の宣教牧師さんです。書家でもあり拓本研究家でもあります。『景教(改訂新装版) 東周りの古代キリスト教—景教とその波及』（イーグレープ、2014 年）の学術書を著しておられます。

「ふるさと春日井学」研究フォーラムの第 26 回では、「書のまち春日井と空海—景教碑を中心に—」と題して川口氏にご報告いただきました。空海は三筆の筆頭として、書を学ぶ者にとっては避けて通れない人物です。空海はどうして景教を研究したのか、空海は景教からどのように影響を受けたのか、景教とはどのような内容のものなのか──そういった視点から「書のまち春日井」と空海、景教碑のある風景の意味を語っていただきました。

このブックレットは、その時のご報告に加筆・修正が施されたものです。「書のまち春日井」の知られざる一面をご堪能いただければ幸いです。

「ふるさと春日井学」研究フォーラム会長　河地　清

■シリーズ ふるさと春日井学③

景教碑の風景　「書のまち春日井」の新碑跡「大秦景教流行中国碑」そして道風と空海

目　　次

第 2 部 「書のまち春日井」における道風と空海と景教

はじめに

景教（けいきょう）と聞いてご存知のない方が多いかと思います。私もそうでした。私は書道を学び、生徒さんに教えてきました。また私は愛知福音キリスト教会の宣教牧師でもありますので、教会では聖書も教えています。この書道と聖書が、どうして景教とつながるのか。景教碑の文字は書道のお手本の一つでもあります。シルクロードで西アジアから東アジアの中国に牧師さんたちが来て、聖書をシリア語や漢文で（当時は筆と墨と紙で）伝えたのが景教なのです。そして781年に中国西安に建った石碑が、大秦景教流行中國碑です。その碑の模刻碑（似せて作った碑）が2014年に春日井に建ちました。

私は景教碑の拓本に接し、その字の書体に魅了されました。あまりにもよく整い柔らかく、しかも字崩れなく、一点一画、書の基本を踏まえて書かれているからです。景教の景の意味は大きな光、世界の光。イエスが福音書で「私は世の光、あなたがたは世界の光」と語ったことばが景です。つまり景教とは世の光であるイエスの教えと言えます。

私はこれまで日本の各地で、景教碑の拓本を広げながら景教セミナーをしてきました（画像1）。中国や南インド、韓国や中央アジアのキルギスでもしました。参加者の方は、こんな教えが古くからあったとは知らなかったと言われ、感心し驚かれます。私は夢の中でもセミナーをしていることがありました。その景教碑と景教について書いていきます。

画像1

第1部

大秦景教流行中国碑について

1 春日井に建った景教碑 ——ふるさと再発見——

　2014年に大秦景教流行中國碑（以下、景教碑と書きます）が春日井市柏井町 7-2 に建ちました（表紙写真および画像2）。大きな石碑です。日本では三個目の石碑で、その高さは約3ｍ、幅は約1ｍで、頭部では龍が爪で玉をつかみ、下には龍の子であるビシがデザインされています。碑の表面には32行、約1900の漢字と多くのシリア文字が縦に刻まれています。裏面には何もなく、両側面には70人ほどの人名とシリア文字が刻まれています。

　この碑の本物は中国陝西省西安市の西安碑林博物館にあります。春日井の碑の石材は、中国福建省の石材会社が碑の実寸を測って作り、名古屋港まで運びました。その石材に春日井の長縄石材店が、本物の拓本をもとに一文字一文字を丁寧に彫りました。

　碑はこの他に明治時代に、高野山奥の院と京都大学総合博物館に建てられています。世界には50以上の景教碑の複製碑が、各地に建てられていると聞いています。

　景教碑は世界史の参考書にも出ていて、受験生には知られた石碑ですが、その詳細はあまり知られていないので、これからくわしく書いていこうと思っています。

画像2　春日井市柏井町 7-2 に建つ大秦景教流行中国碑

② 景教碑の頭部の題字の意味について

まず碑の頭部の大秦景教流行中國碑の文字について説明します。

どの石碑にも碑首に表題、題字が書かれてあります。景教碑は「大秦景教流行中國碑」が正式名です（画像3）。

(1) 大秦とは

「大秦」とは唐の時代の中国から見て、西アジアより西方のことを指しており、ローマ帝国のことを言っていました。特にユダヤやシリア地域は東ローマ帝国の支配下にありました。

画像3　中国西安碑の碑首部分

中国の歴史書『後漢書』には、166年に大秦王安敦（アントン）の文字があり、アントンとはローマ帝国の皇帝の一人マルクス・アウレリウス・アントニウスと言われてきました。したがって大秦はローマ帝国領の地域となります。中国の最初の帝国は秦王朝でしたが長くは続かず、その秦よりも大きい国を大秦と呼んだのかも知れません。

『唐會要49巻』には、745年9月、皇帝からの指示に基づき、「波斯（ペルシア）教は大秦から出ているので、波斯寺から大秦寺に改めた」とあります。景教の名前がつく前はペルシアから来ていたのでペルシア教となっていましたが、ペルシアからは他にも拝火教も来ていたので名前を変えた

と考えられます。

　景教碑には「大秦で聖（イエス）を産んだ」とか、『景教宣元本経』には「大秦国那薩羅（ナザレ）城」とあり、ナザレとはイエスが育ったユダヤの地ですから、景教の起源は大秦のユダヤであると言えます。

⑵ 景教とは

　景教とはどういう意味でしょう。唐の時代には景の字は現在使っている文字とは違い、景教徒たちはすべて上が口で下が日と書いて統一していました。しかし本来の景の字は上が日で、下が京の合成字で、その意味は大きな太陽、大きな光（世界の光）のことですから、イエスのことを指して言っていると解釈できます（画像４）。聖書には義の太陽が上って輝くとか、あなたがたは世界の光と語られていますので、イエスの教えが中国で広められたと考えられます。

画像4

　それからどうして景の字を変化させたのかといいますと、唐の皇帝の李一族に景という名がつく者がいて、その忌字（本来の字を使うのを嫌って、別の形にしたもの）としたとの説があります。他に忌字としては、李世民の民を使うときに一画を取った例があり、それと似ています（画像５）。

画像5

大秦寺僧景淨述

粵若常然真寂，先先而無元，窅然靈虛，後後而妙有，揔玄摳而造化，妙眾聖以元尊者，其唯我三一妙身無元真主阿羅訶歟。判十字以定四方，鼓元風而生二氣，暗空易而天地開，日月運而晝夜作，匠成萬物，然立初人，別賜良和，令鎮化海，渾元之性，虛而不盈，素蕩之心，本無希嗜。洎乎娑殫施妄，鈿飾純精，間平大於此是之中，隙冥同於彼非之內，是以三百六十五種，肩隨結轍，競織法羅，或指物以託宗，或空有以淪二，或禱祀以邀福，或伐善以矯人，智慮營營，恩情役役，茫然無得，煎迫轉燒，積昧亡途，久迷休復。

於是我三一分身景尊彌施訶，戢隱真威，同人出代，神天宣慶，室女誕聖，於大秦景宿告祥，波斯睹耀以來貢，圓二十四聖有說之舊法，理家國於大猷，設三一淨風無言之新教，陶良用於正信，制八境之度，鍊塵成真，啟三常之門，開生滅死，懸景日以破暗府，魔妄於是乎悉摧，棹慈航以登明宮，含靈於是乎既濟，能事斯畢，亭午昇真。經留二十七部，張元化以發靈關，法浴水風，滌浮華而潔虛白，印持十字，融四照以合無拘，擊木震仁惠之音，東禮趣生榮之路，存鬚所以有外行，削頂所以無內情，不畜臧獲，均貴賤於人，不聚貨財，示罄遺於我，齋以伏識而成，戒以靜慎為固，七時禮讚，大庇存亡，七日一薦，洗心反素，真常之道，妙而難名，功用昭彰，強稱景教。惟道非聖不弘，聖非道不大，道聖符契，天下文明。

太宗文皇帝，光華啟運，明聖臨人，大秦國有上德，曰阿羅本，占青雲而載真經，望風律以馳艱險，貞觀九祀，至於長安。帝使宰臣房公玄齡，揔仗西郊，賓迎入內，翻經書殿，問道禁闈，深知正真，特令傳授。貞觀十有二年秋七月，詔曰：道無常名，聖無常體，隨方設教，密濟群生。大秦國大德阿羅本，遠將經像，來獻上京，詳其教旨，玄妙無為，觀其元宗，生成立要，詞無繁說，理有忘筌，濟物利人，宜行天下。所司即於京義寧坊，造大秦寺一所，度僧廿一人。宗周德喪，青駕西昇，巨唐道光，景風東扇。旋令有司，將帝寫真，轉摸寺壁，天姿汎彩，英朗景門，聖跡騰祥，永輝法界。案西域圖記及漢魏史策，大秦國南統珊瑚之海，北極眾寶之山，西望仙境花林，東接長風弱水，其土出火綄布、返魂香、明月珠、夜光璧，俗無寇盜，人有樂康，法非景不行，主非德不立，土宇廣闊，文物昌明。

高宗大帝，克恭纘祖，潤色真宗，而於諸州各置景寺，仍崇阿羅本為鎮國大法主，法流十道，國富元休，寺滿百城，家殷景福。聖曆年，釋子用壯，騰口於東周，先天末，下士大笑，訕謗於西鎬，有若僧首羅含、大德及烈，並金方貴緒，物外高僧，共振玄綱，俱維絕紐。玄宗至道皇帝，令寧國等五王，親臨福宇，建立壇場，法棟暫橈而更崇，道石時傾而復正，天寶初，令大將軍高力士，送五聖寫真，寺內安置，賜絹百匹，奉慶睿圖，龍髯雖遠，弓劍可攀，日角舒光，天顏咫尺。三載，大秦國有僧佶和，瞻星向化，望日朝尊，詔僧羅含、僧普論等一七人，與大德佶和，於興慶宮修功德，於是天題寺榜，額載龍書，寶裝璀翠，灼爍丹霞，睿札宏空，騰凌激日，寵賚比南山峻極，沛澤與東海齊深。道無不可，所可可名，聖無不作，所作可述。肅宗文明皇帝，於靈武等五郡，重立景寺，元善資而福祚開，大慶臨而皇業建。代宗文武皇帝，恢張聖運，從事無為，每於降誕之辰，錫天香以告成功，頒御饌以光景眾，且乾以美利故能廣生，聖以體元故能亭毒。我建中聖神文武皇帝，披八政以黜陟幽明，闡九疇以惟新景命，化通玄理，祝無愧心，至於方大虛謙，聞道愛人之級，神功濟物，竭誠敏速之心，大施帡幪，能事表著。

我圓深利用，慈救苦被，群生者，我修行之大猷，汲引之階漸也。若使風雨時，天下靜，人能理，物能清，存能昌，歿能樂，念生響應，情發目誠者，我景力能事之功用也。大施主金紫光祿大夫、同朔方節度副使、試殿中監、賜紫袈裟僧伊斯，和而好惠，聞道勤行，遠自王舍之城，聿來中夏，術高三代，藝博十全，始效節於丹庭，乃策名於王帳，中書令汾陽郡王郭公子儀，初揔戎於朔方也，肅宗俾之從邁，雖見親於臥內，不自異於行間，為公爪牙，作軍耳目，能散祿賜，不積於家，獻臨恩之頗黎，布辭憩之金罽，或仍其舊寺，或重廣法堂，崇飾廊宇，如翬斯飛，更效景門，依仁施利，每歲集四寺僧徒，虔事精供，備諸五旬，餒者來而飯之，寒者來而衣之，病者療而起之，死者葬而安之，清節達娑，未聞斯美，白衣景士，今見其人，願刻洪碑，以揚休烈詞曰：

真主元始，湛寂常然，權輿匠化，起地立天，分身出代，救度無邊，日昇暗滅，咸證真玄。赫赫文皇，道冠前王，乘時撥亂，乾廓坤張，明明景日，路照我唐，眉風東扇，聖道中昌。玄妙乘真，茫茫惠風，匡眾以慈，育物以功，高宗纂祖，更築精宇，和宮敞朗，遍滿中土，真道宣明，式封法主，人有樂康，物無災苦。玄宗啟聖，克修真正，御牓揚輝，天書蔚映，皇圖璀璨，率土高敬，庶績咸熙，人賴其慶。肅宗來復，天威引駕，聖日舒晶，祥風掃夜，祚歸皇室，祆氛永謝，止沸定塵，造我區夏。代宗孝義，德合天地，開貸生成，物資美利，香以報功，仁以作施，暘谷來威，月窟畢萃。建中統極，聿修明德，武肅四溟，文清萬域，燭臨人隱，鏡觀物色，六合昭蘇，百蠻取則，道惟廣兮，應惟密兮，強名言兮，演三一兮，主能作兮，臣能述兮，建豐碑兮，頌元吉。

大唐建中二年歲在作噩太蔟月七日大耀森文日建立，時法主僧寧恕知東方之景眾也。

朝議郎前行台州司士參軍呂秀巖書。

画像6　碑の全文　高さ約280cm、横幅約99cm、側面約26cm、碑陽の文字は32行、各行62字、合計文字数はシリア文字も含め約2000字あまり。

(3) 流行とは

　流行とは、はやるの意味もありますが、伝わる、情報を伝える、物事を社会に広めるという意味もあります。したがって流行は、イエスの教えや福音を社会に広めていったということです。

　まとめますと、大秦景教流行中國碑とは、「ユダヤからイエスの教えを中国に伝え広めた碑」となります。

❸ 碑は何を語っているのか

　碑文の内容は4部に分けられ、第1部は景教の教え（教義）、第2部は景教と中国皇帝との関係、第3部はほめことばの頌詞、第4部は下部と両側面にあるシリア語部分です。

(1) 第1部の景教の教えについて

　神は三一と表記します。三で唯一。三位一体（父と子と精霊）の意です。その三一の阿羅訶（シリア語でアラカ・アラハ）が天地万物と初人アダムとエバを善人として創造しました（画像7）。しかし人間はサタン（娑殫は悪魔のこと）の誘惑によって真主阿羅訶に反逆し、堕落します。哲学や知恵や善行で真主を求めても、もとには戻れない。

画像7

　そこで三一の分身景尊弥施訶（メシア）が降誕し、そのときに東方の博士たちが波斯（ペルシア）で星を観て来貢したと伝えます（画像8）。メシアの到来によって旧約聖書24巻の預言が成就します。この24の数と内容は、西方ローマ・カトリック教会が持つ聖書とは違います。

画像8

　続いて三一の浄風（現代の訳では聖霊）によって新約時代が始まり、新

10

約聖書の数が27と書かれます。その聖書の教えをもって東方に向けて発進し、名を「景教」とつけたとあります。

(2) 第2部の景教と中国皇帝の関係

　唐代の皇帝と景教との関係は良好であったことが書かれています。太宗皇帝の時代、635年に初代宣教師の阿羅本が中国に来ました。皇帝は総理

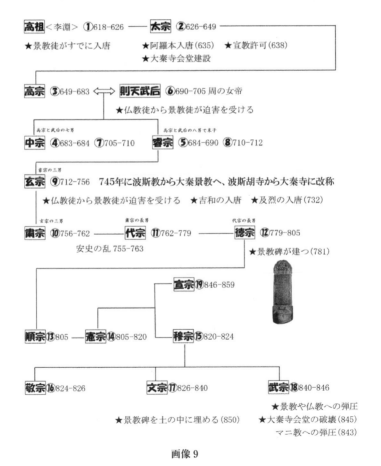

唐代の皇帝系図と景教(宣教期間、約210年)
李一族、1代〜23代の唐皇帝のうち、景教と関わりのある19代までを表記

高祖＜李淵＞ **①**618-626 ─── **太宗②**626-649 ────────
★景教徒がすでに入唐　★阿羅本入唐(635)　★宣教許可(638)
　　　　　　　　　　　★大秦寺会堂建設

高宗③649-683 ⟷ **則天武后⑥**690-705 周の女帝
　　　　　　　　　　★仏教徒から景教徒が迫害を受ける

高宗と武后の七男
中宗④683-684 **⑦**705-710　　高宗と武后のへ男で末子 **睿宗⑤**684-690 **⑧**710-712

睿宗の三男
玄宗⑨712-756　745年に波斯教から大秦景教へ、波斯胡寺から大秦寺に改称
★仏教徒から景教徒が迫害を受ける　★吉和の入唐　★及烈の入唐(732)

玄宗の三男　　　　肅宗の長男　　　　　代宗の長男
肅宗⑩756-762 ── **代宗⑪**762-779 ─── **德宗⑫**779-805
　　安史の乱755-763　　　　　　　　　★景教碑が建つ(781)

宣宗⑲846-859

順宗⑬805 ── **憲宗⑭**805-820　　**穆宗⑮**820-824

敬宗⑯824-826　　**文宗⑰**826-840　　**武宗⑱**840-846
　　　　　　　　　　　　　　　　　★景教や仏教への弾圧
★景教碑を土の中に埋める(850)　★大秦寺会堂の破壊(845)
　　　　　　　　　　　　　　　マニ教への弾圧(843)

画像9

11

大臣の公玄齢によって彼らを国賓として都に迎え、景教や西アジアの事情などを聴きました。皇帝に接見できたということから、ペルシアや景教徒たちと唐とが良い関係にあったと考えられます。

　特に玄宗や粛宗皇帝の時代、国が混乱していた中にあって、皇帝に仕えて唐のために戦った伊斯の活躍が記されており、それによって景教も栄えたとあります。

⑶ 第3部のほめことばの頌詞について

　このほめことばは、天地を創造された真主（神）とその分身（その子イエス）と浄風（聖霊）を賛美し、続いて景教とかかわりのあった太宗皇帝から各皇帝の高宗、玄宗、粛宗、代宗、徳宗の偉業をたたえます。

　太宗皇帝の時代の635年に初代宣教師らが来た時から、碑が建った781年までの146年間を振り返っています。

⑷ 第4部のシリア語部分について

　東方景教徒たちの言語は大半がシリア語で、景教碑や亡くなった人の墓石にも書かれていました。ペルシア語も使っていました。シリア語はユダヤ人のヘブライ語やアラム語と似ています。彼らが使っていた聖書はヘブライ語から訳したシリア語で、ペシッタと呼ばれるものです（画像10）。

画像10

４ 各部の解説

　全部を説明するのは大変ですので、人物たちや特に気になった部分を取り上げて解説したいと思います。

(1) 景浄について

　全文を作成したのは景浄という指導者でクリスチャンネームはアダムです。それが分かるのは冒頭の「大秦寺僧景浄述」の左に書かれたシリア語からです。シリア語は西アジアの言語でイスラエル人たちが語るヘブライ語、アラム語と共通していて右から左に書いて読みます（画像11）

画像11

　下の□□□内の景浄を説明する文中にある「地方主教」とはペルシアの本部バグダッドから見た表現で、「師父」とは監督のことです（画像12）。

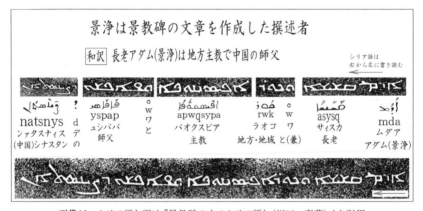

画像12　シリア語と訳は『景教碑の中のシリア語』（川口一彦著）より引用

　景浄は文章を作成するのに大変優れた人と思います。2000字余りの漢字とシリア文字と当時のペルシア語などを駆使して書き上げたからです。漢文や古い時代の中国の政治体制や文化宗教や地理などの理解がないと書けないものです。このシリア語文の中にシナスタンとあり、訳すと中国となります。唐代でもシナと呼んでいたことが分かります。

　景浄が働いていたところは、長安城内の義寧坊区に建っていた大秦寺でした。寺とは会堂のことで、唐の時代のどの宗教施設でも寺と呼んでいました。僧とは仏教用語でなく、当時の宗教指導者のことです。現在は仏教

だけが僧や寺と呼んでいますが、当時は一般的でした。

　もう一つ景浄についてシリア語で書いているところがあります（画像13）。

従者アダムは中国の地方主教でイズドボジードの子

中国　の　子の　　　従者　　アダム　主教　地方　イズドボジード

画像13

　ここで景浄は伊斯（イズドボジード）の子であると伝えられていて、碑文の後半では伊斯がたたえられています。

　また景浄はシリア語の景教書物を数多く漢文に訳したとも書かれています。

　この景浄について仏教書にも名前が出ています。「大秦寺波斯僧、景浄は彌尸訶（メシア）教を伝える」とあり、ペルシア人で大秦寺の指導者としてメシア教を布教していたと書かれています（『貞元新定釋教目録巻内17』）。

シリア語とその訳　シリア語は右から左に書いて読む

イオニア(ギリシア)紀元の1092(西暦781)年に、バルフ(またはバルク)で亡くなった長老ミリスの子、長老で長安の地方主教マル・イズドボジード(伊斯)が救い主(イエス)の教えと中国皇帝に伝えた父祖の説教を書き記したこの石(景教碑)の記念碑を建てた。　バルフは現在のアフガニスタンの北部

法　そこに　書き記した　　説教を　　救い主の　王(皇帝)　に対して　父祖の

長老　ミリス　　　トカリスタンの町　バルク(王舎城)　石の　この記念碑を　建立した

クムダン(長安)の　　　地方主教　　亡くなった　唐の帝国　町　から

９２年　　１０００年　　長老　マル・イズドボジード　イオニア紀元

画像14　シリア語と訳は『景教碑の中のシリア語』（川口一彦著）より引用

碑の文を作った
人は**景浄**

景浄の父伊斯の偉業を讃える
ために指導者たちが碑を建てた

碑の下に書かれたシリア語を訳しました（画像14）。長い文の意味は、「781年に碑を建てた伊斯は長安の指導者で、彼らはイエスの説教（福音書など）や先祖が伝えてきた法・教えを中国の皇帝に伝えた」ということです。

(2) 伊斯（イズドボジード）について

伊斯は粛宗皇帝に仕えて、唐が混乱した困難な時に命を懸けて戦った宮廷官僚の戦士でした。よき戦いを残した結果、皇帝より位を受け、多くの金品も授かり、それらを困窮する景教徒たちや、困難な人々を支援するものとして献金、献品しました。それによって景教会は活気を取り戻し、前進できました。彼の献身的な働きがあったからこそです。伊斯のことが、218字ほどで書き上げられた下記の漢文で示されています（画像15）。

画像15

「皇室から多くのものを賜った伊斯は平和で恵みを好み福音を聞いてよい行いに励みました。遠く王舎城（トハリスタンのバルク）から中国に来ました。武術は三代に高く芸にも優れ、宮廷に仕えて王帳に記載されまし

た。……（中略）……景教会に尽力し愛をもって富を捧げました。毎年四つの会堂の指導者や信徒たちを集めてはもてなし、50日にわたり飢餓の人々には食事を与え、寒さのある人々には衣服を与え、病む人には施療して元気にさせ、死なれた方には丁重な葬儀と慰めを与えました。清さ節制の景教徒（ペルシア語で達娑）の中でこんな美しい話は聞いたことがありません。白衣の景教徒を今ここにまみえます。願わくは碑に刻んでその功績を讃えます。」

最後の文では彼の勲功を讃えて文字を刻んだと書いています。景浄は単に父の働きを書いたのではなく、伊斯が唐の益のため、景教会のために特別に寄与した人物だったということです。

碑の下部のシリア語には伊斯が碑を建てたかのように書かれていますが、彼の資金などで碑が建ったということでしょう。建てた人たちには行通や霊寶の名があり、両側面の70名の人たちはそれを支援し賛同した人たちと考えられます。

⑶ 初代宣教師の阿羅本について

阿羅本の読みとしてアラベン、アブラハム、アルワーン、アロペン、ラバン等があり、本名か宗教名かは不明。生死の年齢についても分かっていません。635年に初代宣教師としてペルシアからシルクロードを通じて険しい山野を経て入唐、総理大臣の房玄齢（587-648）が彼ら一行21人を唐の国賓として出迎え、一行は太

画像16

宗皇帝にまみえます。書殿では三年間、シリア語の聖書類や讃美歌、教義書などの漢訳作業を行い、皇帝に献上。東方景教や地理などを伝えました。太宗や高宗皇帝時代に厚遇を受け、帝国と大秦景教会の発展に尽力しまし

た（画像16）。

　阿羅本に関する第一次史料の景教碑には彼の肩書として大徳・上徳、大法主とあり、大法主とは宗教的リーダーの大主教のこと。大徳は12冠位の最高位にあり皇帝に接見できる立場で、後に受けたものと思います。

　碑には「大秦国に上徳有り、阿羅本と曰う。青雲を占い真経を載き、風律を望み以て難険を馳せ、貞観九年長安に至る」、「大秦国の大徳阿羅本は遠く経像を将来し上京して献ず」、「諸州に各景寺を置き阿羅本を崇び、鎮国大法主となす」とあり、14年以上中国各地で奉仕したと考えられます（画像17）。

画像17

　さらに碑には経（聖書）と像（メシアの聖画のイコンか）を携えていたとあります。景教について詳しく伝えると638年に宣教の許可が下り義寧坊に大秦寺が建ち、全国に布教し拡大したと伝えています。

　第二の史料として中国の史書『唐会要』（961年に完成）巻49大秦寺の項に「ペルシア僧の阿羅本が遠く経と教えを携えて京（長安）に来る」とあり、像は記述していません。

　第三の史料として「尊経」があり、その末尾には西域の大徳阿羅本が貞観9年に来唐し、シリア語から多くのものを翻訳したと書かれています。阿羅本が果たした役割が、後の中国景教に大きな影響を与えました。

　景教が阿羅本によりすぐさま全土に拡大した理由として、景教によって繁栄したと考えられたペルシアと、唐との相互経済活動があったと考えられます。中国は、安定した国策のためには景教が必要と考え、国主同士の計画で阿羅本が派遣され、国賓として招かれたのでしょう。すでに中国に来ていたペルシア人やソグド人信徒らの普段の姿が、好感を持たれていた証と考えられます。

⑷ 当時の大主教の寧恕について

　碑文の最後尾には当時の景教徒大主教の寧恕（意味は「イエスは愛、イエスは慈しみ深い」、在位は774-778）のことが記されています。「時の法主僧（大主教）は寧恕で、東方の景衆です」と（画像18）。この下にシリア語が彫られています（画像19）。

　シリア語は右から左に読みます。訳すと、「教父（指導者）たちの父、マリ・ハナンイシュー（寧恕）が総主教で大主教である日」となります。つまり、この景教碑を建てようとして景浄が文章を作成していたときの一番のリーダーが寧恕でした。ところが彼は778年に亡くなりましたので、781年の1月に建ったこの碑を見ることができませんでした。碑が建つまでには、文章を練って訂正し、ノミで彫り、3年くらいはかかったと思います。

画像18

画像19

⑸ 書を書いた呂秀巌について

　書を書いた人（文字を書いた人）は呂秀巌です（画像20）。シリア語での名前が出ないのは、重要人物ではなく、ペルシアの出身者でもないということでしょうか。呂氏の家系に属する中国人ではないかと考えられます。浙江省台州府の人で、文官第14位で土木工芸を管理する役職を持った人です。

　拓本の筆跡を見ると大変優れた書体で、近くで見ると感動と驚き。それが最初に見た著者の印象でした。

画像20

どの書道辞典を探してみても彼については書かれていません。書の作品としてはこの1点のみ存在しているからでしょう。

　東洋史学者の藤枝晃は『書道全集第10巻』172-4頁（平凡社、昭和31年）で景教碑の解説を担当し、その成立などについて書いていますが、書道全集でありながらも書の評価については触れていません。

　呂秀巖が生きていた以前には初唐の三大書家がいました。阿羅本と同時代に生きていた欧陽詢（557-641）、虞世南（558-638）、楮遂良（596-658）です。彼らは楷書に優れており、楮遂良は太宗皇帝と高宗に仕えた人物です。

　ある書家は「景教碑の書は欧陽詢の書体を彷彿させる書風である」と述べています。景教碑の書は、彼らの書風に劣らぬ風格を醸し出しています。

　書風は書人たちの性格や社会情勢、置かれた背景などによることもありますが、呂秀巖の書は他の書に引けを取らない優れた書風で、見た人に良い印象を与えたと思います。信仰者として愛、柔和、希望、恵みなどが心に豊かに備わっていたことも関係すると思われます。

　おわりに呂秀巖の先祖についてですが、紀元前の呂不韋は呂一族の先祖で、『呂氏春秋』（紀元前239年完成）を編集した人物です。秦の始皇帝の父は呂不韋との説もあります。韓国の景教研究者の一人の呂容惪氏は、先祖の系譜を私に見せて先祖は呂秀巖、呂不韋であると話していました。

(6) 落書きされた側面

　右側面には1859年に落書きされた文字が刻まれていますので、それを訳してみました。

　「後一千七十九年咸豊巳未武林韓泰華来觀幸字畫完整重造碑亭覆焉惜故友呉子苾方伯不及同遊也為悵然久之」。

　訳は「781年に景教碑が建って1079年が過ぎた1859年（清の文宗の咸豊9年）、武林の韓泰華が碑を観に来ました。幸いに字画が整い、碑亭を

再建しておおいました。惜しいことに、友人の呉芯方伯といっしょに見ることはできませんでした。そのことが非常に残念です。」（画像21）

（解説：武林とは浙江省杭州の古い名。韓泰華は金石・書画などの蒐集者。碑亭とは石碑をおおう建物。呉芯は山東省無棣県の人で金石学者（1796-1856）。金石学とは、青銅器の金属や石碑に彫られた文字や絵などを研究する学問。）

ここでは碑亭を再建したとあります が、その3年後にイスラム教徒の乱によって、碑亭と建っていた崇仁寺（唐代は崇聖寺、明代は崇仁寺、その後は金勝寺と呼ばれた）は焼かれ、その後は再建されずにいました。デンマーク人のホルム（1881-1930）が西安で景教碑を見て、ヨーロッパに持ち去ろうとして失敗したことがあります。1907年のことです。その時に写した写真には、碑亭も寺院もありません（画像22）。野ざらしにされていた碑は、同年に今の西安碑林博物館に移りました。

画像22

画像21

(7) シリア語の名前はどんな人たち

碑の側面にも漢字名とともにシリア語名が彫られています。この中のシリア語からは聖書の人物にちなんだクリスチャンネームを持つ者が多く（モーセ、アダム、サムソン、ルカ、マタイほか）、中には聖書朗読者や時刻を知らせる者や墓地の管理者もいました（画像23）。

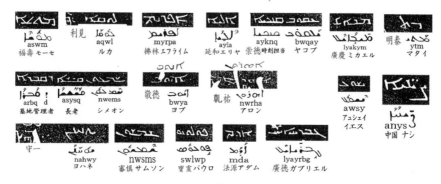

画像23

(8) 困難をのりこえた景教徒たち

　景教徒たちは人々から笑われ、ののしられたことが書かれてあります。それは則天武后という中国の歴史では唯一の女性皇帝が現れてからのことです。そこから社会が変わりました。碑文は、聖暦年 698-699 年に、東周の地の洛陽で仏教徒による迫害があったと伝えています。女帝が仏教徒であり、弥勒菩薩の生まれ変わりとして自分を拝ませ、全国に大雲経寺を建てたことにより、宮中行事では仏教徒が優先されるようになりました。また全国で仏教が盛んとなり、景教徒たちは皇帝に従わない悪者として、悪口を言われ迫害されるようになったのです。

　さらに碑文は、先天の時代（712-713）の末に、景教徒が一般庶民から大笑いされ、長安でも非難を受けたと書いています。

　これに対し景教徒たちは彼らに歯向かうことをせず、忍耐と自らの戒めをもって生きたと書かれています。若き羅含、及烈らが金方（西域のペルシアのこと）から着任して励ましたことや、744 年にも大徳佶和、羅含、普論ら 17 人が来たことが伝えられています。

　中国の歴史書『冊府元亀』巻 546、同巻 971、同巻 975 には 714 年と 732 年にペルシアの王が及烈らを中国に遣わし、貢物を渡したとあります。

(9) アジアを旅する人々

　碑文には、地理書や歴史書について、特に地理書である『西域図記』や漢魏の歴史書について書かれています（画像24）。西域図記は裴矩（547-627）が書いた本です。彼は隋の時代の中国と西域との商業を開拓するために努力した人です。

画像24

　旅行者は実際に足を運んだ地域のことや、そこで聞いたことをメモして、ルートを書き上げていきます。それは多くの地域の商人たちの商売、国と国との交易に必要で、次に旅する者の助けとなるものです。私たちが世界を旅できるのも、先人たちの労苦によります。

　裴矩は皇帝の命を受け、中国の西域との商取引のために旅した先駆者でした。『西域図記』を利用した旅行者の景教徒たちも東西南北を旅していましたので、インド洋や紅海、西アジアや中央アジアの山々のこと、西域で出土したものなどについて書くことができました。

　碑には大秦国の東西南北には、山あり海あり川あり、多くの産物（石綿や明月珠など）もあると書いています。彼らの中には中央アジア出身のソグド商人、ペルシア人や西アジアを旅する人も多くいましたので、アジアのネットワークが広がっていきました。

(10) 時や暦について

　碑文の最後には碑が建てられた月日が書いてあります。

　「太簇月七日」とあるのは旧暦の正月7日で、現在の太陽暦で2月4日のことです（画像25）。

　次の「大耀森文日」は、中期ペルシア語で日曜日のことです。

　1月7日の日曜日に碑が建ちました。この日に多くの人たちが遠方から

も集って建立を祝ったことが目に浮かびます。

　キリスト教の歴史では初期から日曜を特別で重要な日としていました。それはイエス・メシアが死から復活した早朝が日曜だったからです。復活のイエスは日曜のたびに弟子たちの前に現れたと、新約聖書ヨハネの福音書20章と21章で記されており、日曜は主イエスの復活を記念する特別礼拝日となりました。東方の地においても、日曜が礼拝する日として大切に守られていたことが分かります。また毎年の復活日を決めるためにも、暦は必要でありました。今日、イースターという復活日は、春分の日が過ぎた最初の満月直後の日曜日（復活記念日）とされています。

画像25

　ほかに碑文には、一週間に一日は礼拝して心を洗い素に返って元気づけたとあります（画像26）。

画像26

　また一日に7回祈りの時を持っていましたので、その時刻を告げ知らせるために板に鎚を打って知らせていました。碑の側面には、時刻を告げ知らせる人のシリア文字が刻まれてあります。中国の諸宗教の指導者も、時を告げ知らせていました。

⑾ ペルシア語の達娑（タルサ）について

　景教碑にはペルシア語を漢語にしたものがあります。

　その一つに「達娑」があり景教信徒を指します（画像27）。中央アジアのキルギスにはタルサ地区があります（写真＝著者撮影：画像28）。1885年の土地開発のとき600を超えるシリア語で刻んだ十字墓石が発見されました。制作年代は、古くは紀元858年から、新しいものは1342年で、近くのスイアブでは教会堂遺構や聖書、十字徽章も発見されまし

画像27

た。タルサ地区は広大な地で、
多くのペルシア人やソグド人、
中国人の東方教会信徒が行き交
っていました。奈良時代には日

画像28

本にもペルシア（波斯）人がいたことが、木簡の発見や史書で分かって
います。当時のバグダッドと長安は人口が多く、奈良や京都にもペルシア
人の往来がありました。

❺ 著者と景教碑（拓本）との出会い

　著者はキリスト教の宣教牧師をしていまして、聖書の言葉を筆で表現し
たいと思い、有志の書道家らと始めた東海聖句書道会主催の東海聖句書道
展で、生まれてはじめて景教碑の拓本を見ました。

　見て驚いたのは文字の優れた品格で、一目見て素晴らしい文字に魅せら
れてしまいました。拓本には聖書のことや皇帝とのことについて書いてあ
ることが少しずつ分かるようになりました。建てられた時代は徳宗皇帝の
781年で、中国書法が盛んで、唐が繁栄していた時代でもありました。拓
本はたくさんの漢文で書かれ、何が書いてあるのかはわからず、訳してみ

ようと思い立ちました。そのよう
なきっかけで景教の研究が始まっ
たのでした。

　大きな拓本をコピーし、1頁を
縦に8文字5行にした和とじ本
『景教　シルクロードを東に向か
ったキリスト教』（イーグレープ、
2002年）を作りました（画像
29）。

画像29

本ができ、景教碑や敦煌で発見された聖書のことを書いた「一神論」「序聴迷詩所経」から抜粋し景教セミナーをしました。そして本書を新聞社に紹介し、記事に取り上げられると多くの方から買いたいと連絡があり、毎日というほど発送する忙しさでした。

６ 景教碑の本物を直接見てみたい思いがつのった

このような立派な碑の拓本を見てから、私の心には本物をぜひ見てみたいとの思いがつのりました。

本物を見るまでに景教に関する書物を図書館で探して読みあさり、新しい知識が増えていきました。

そして出来たのが、先に紹介した『景教　シルクロードを東に向かったキリスト教』です。旧知の出版社社長の穂森宏之氏が出版企画として全国各地で「景教セミナー」と「景教の源流をたどる中国景教ツアー」をしてくださり、セミナーに参加された方々をお誘いし、中国への旅が実現していきました（画像30）。

画像30

初めてのツアーでの中国旅行は心躍る思いでした。碑は陝西省西安市の中心地、長安城の中の西安碑林博物館にありました（画像31）。実物を直接見ますと大変立派で、造られた781年から数えて1200年以上経過しつつも石碑の風格を感じました。博物館の奥には拓本などを販売しているお店があり、そこで景教碑（拓本）やほかに気に入ったものを購入

画像31

画像32

することができました。その拓本でさらに『景教（改訂新装版）東周りの古代キリスト教—景教とその波及』を作ることができました（2014年。画像32）。内容は共同研究した者たちがそれぞれ課題を出して書き上げたものとなっています。

❼ 日本にも景教碑を建てたいとの思いが起きた

　西安、北京、内モンゴルの中国景教ツアーを三度実施し、南インドの使徒トマス遺跡巡りの旅すべてをイーグレープが企画してくださり、大きな展開が起きていきました。

　西安碑林博物館の景教碑を見てのち、西に周至県終南山のふもとに大秦寺があると聞いて出かけたところ、大秦寺文物管理所があり、そこの所長が歓迎してくれました。すると玄関先に博物館の碑とそっくりの複製碑が建っていました（画像33）。これを見て所長に経費と運搬費を尋ねると計算して手紙で送ると言われ、後程必要経費を書いた手紙が送られてきました。その時は建設資金がなくこの話は実現しませんでした。ちなみに詩人

画像33　大秦寺の複製景教碑

画像34　三盆山の複製景教碑

の蘇東坡は1062年に大秦寺の漢詩を書いています。

　次に北京の三盆山の中腹に建てられていた元の時代の東方教会跡を見学すると、その時代の十字碑が建っていて、その奥に複製の景教碑が建っていました（画像34）。

　これを見て景教碑の複製が中国内の何か所かに建っていることが分かり、ガイドさんに聞くと世界には50以上あるとのことでした。

❽ 780年ほど土の中に埋められていた景教碑を発見

　景教碑が土に埋められたのが845年頃かと思います。武宗皇帝による宗教弾圧で、仏教や景教、イスラムなどの外国の宗教関係者は母国に帰るか、皇帝の規則に従わない多くの人たちは殺されてしまいました。そのことがあって大切な景教碑を土に埋めたのでしょう。

　その埋められた碑が土の中から発見されたのが1625（あるいは23）年頃と言われ、約780年もの間埋められていました。不思議です。家を新築するための土台を作ろうとして土を掘っていたら、景教碑が見つかったということです。『東洋史説苑』（桑原隲藏著、弘文堂書房、1927年）には、その時の様子が、発見年と発見場所と共に書かれています。

　『支那通史』の著者セメド（ローマ教会の宣教師で景教研究者）によると、碑には文字や十字架や雲形があるが、外国のシリア文字はだれも読むことはできず、碑文の拓本が李之藻に渡されました。その李が、『讀景教碑書後』の中で、1625年に発見したと書いたようです。他方、ディアズという宣教師は、1623年に発見したと『唐景教碑頌正詮』に書いています。こうして発見年については、二つの説があることが分かりました。

　発見場所については、長安（今の西安）城義寧坊区の大秦寺跡の金勝寺か、西安から西の終南山腹の大秦寺跡なのかが論争となっています。しかし有力なのは西安の大秦寺説です。なぜなら碑文を作成した景浄は、西安

の大秦寺の指導者だったからです。

　碑の文字はラテン語に翻訳され、ローマに伝えられ、ヨーロッパに広まりました。

　この碑が発見されるまでは、キリスト教は中国には伝えられていなかったというのが通説でしたが、それが発見によってひっくり返ることになり、ヨーロッパでは大きなニュースとなりました。

⑨ 京都大学の景教碑

　デンマーク人のホルム（中国名で何乐模）という人は、1907年に西安の金勝寺に建っていた碑を中国外に持ち出そうとしましたが、見つかって失敗しました。この時、中国関係者は本物の景教碑を金勝寺から今の西安碑林博物館に移しました（画像35）。

画像35　本物の景教碑

　ホルムは複製碑を多く作り船でイギリス、アメリカ、インド、フランス、イタリアなど10数か国以上に贈りました。その中の一つは京都大学総合博物館に贈られました。

　京大のものは石膏でできているため文字に角がなく鮮明ではありません（画像36）。

　ホルムはこうした経緯を『My Nestorian Adventure In China』（1923年）と題す

画像36　京都大学の複製碑

る一冊にまとめました（画像37）。その本には写真が30枚以上あり、その中の一枚には5個の碑に並び本

画像37　ホルムの書物の表紙と口絵　　　　　　画像38

物の景教碑が写っています（画像38。22と同じ）。

🔟 高野山の景教碑

　和歌山県の高野山奥の院には多くの石碑が
建っています。一の橋を過ぎたところに景教
碑も建っています（画像39、40）。密教の聖
地でキリスト教の景教碑があることは、大変
珍しいと聞いています。

　1911（明治44）年にイギリス人ゴルドン
夫人（1852-1925）が寄贈したもので、中国
の景教碑と比べやや大きく、裏面には中国碑
にはない密教の曼荼羅が彫られてあります。
碑の側面の片側には漢字とシリア文字があ
り、片面には何一つ彫られていません。碑の
右横にはゴルドンの墓碑の五輪塔が建ってい
ます。彼女は英国で生まれ、青年時代に日本

画像39　碑の全景(左)と五輪塔(右)

画像40　碑の裏面

文化や宗教に興味を抱き、1891年に来日して、英国の図書を日本の大学
や公立図書館に寄贈しました。高野山では密教と景教が影響し合ったと考
えていました。そして密教の入会儀式の灌頂を受けました。京都でなくな

るまで、高野山だけでなく北朝鮮の金剛山長安寺にも景教碑を建てました。

画像41　題字の拓本

著者は2001年5月に碑を管理される寺院様に拓本採取の許可を願い出て、高野山景教碑の拓本採取に取り掛かりました。結果良好で『景教』に拓本を掲載することが出来ました（画像41）。その後、高野山の宿坊で「似て非なる景教と密教・空海」のタイトルで講演もしました。

⓫ 日本にはじめて景教碑文が伝わったのは江戸時代

江戸時代の日本は鎖国時代ともいわれ、外国との交渉は長崎、対馬、薩摩、松前の四か所以外はありませんでした。外国の書物は禁書として扱われ、一般人は手にすることはできませんでした。

中国とは長崎を通して交易があり、その交易により日本に入ってきた禁書扱いのキリシタン書の中に、景教碑文が印刷されていました。その一つに『天道遡源』（1854年）がありました。

『天道溯原』の著者は中国名で丁韙良、米国名はウイリアム・アレクサンダー・パーソン・マーティン（William Alexander Parson Martin 1827,4,10 − 1916,12,15）で、米国の長老教会宣教師として中国で働いていました。漢文にも堪能でした。その本を日本にいた宣教医のゴルドンに贈呈し、それを手にしたのが京都府の顧問をしていた山本覚馬（1828-1892）で、彼は読んで大変感銘を受けました。1867年のことです。

山本覚馬は会津藩士であり明治維新後に京都に来ていました。彼の妹は山本八重です。京都の同志社大学を設立した新島襄の妻となりました。覚馬は聖書や『天道遡源』を読み、感じるところがあって兄と妹もキリスト教徒になりました。『天道遡源』を多数購入し、知人や刑務所の受刑者に

差し入れたほど本書には感銘を受けていました。その『天道遡源』の中に
景教碑文がありました。

🔢 景教とはどんなキリスト教ですか

　まず初めに、景教とは何かというのを辞典で調べました。すると多くの
景教について書かれたものや書物が紹介されていました。

　調べると景教はユダヤから東方に向かって伝えられた古代のキリスト教
であることが分かりました。画像42にありますように、紀元後1世紀〜
2世紀にはキリスト教がユダヤから東西南北へと広まっていたことが分か
ります。有名なのがローマ・カトリック教会、そこから16世紀頃に起き
たヨーロッパのプロテスタント（抗議の意味）教会、さらにアメリカや日
本、韓国、中国などに広まった福音キリスト教会があり、また古くからエ
ジプトのコプト教会、ギリシアやロシアに広まった東方正教会があります。

　これらに対して、シリアからペルシア、中央アジアへ、そしてシルクロ
ードを通じて中国の唐の時代に伝わったのが東方教会の景教です。

　ユダヤから西方に広まったものは西方教会と言われています。

　両者は何が違うかといいますと、人種と話し言葉の違いが大きいです。
西方地域の主な人々はローマ人でありギリシア人です。ローマ人はラテン
語を使い、ギリシア人はギリシア語を使います。これらはよく似た言葉です。

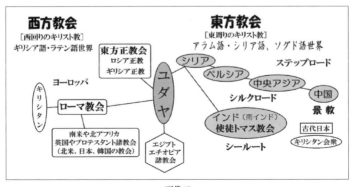

画像42

一方の東方地域の人々はユダヤ人やアラム人、シリア人やアラブ人がいて、セム語のヘブライ語、アラム語（シリア語）、アラビア語を話します。

　景教は、最初はペルシア教と呼ばれました。ペルシアから氷で覆われた天山山脈、中央アジア各地を経由して中国に入ったからです。

　その経路には、教会堂などの遺跡遺構が遺されました。中央アジアのキルギスでは多くの遺跡や遺物が発見されています。8世紀の会堂も発見され、そこでは聖書や十字遺物、葡萄酒を作る施設と考えられるものも発見されています。そして彼らの千個以上の墓石などを見ると、十字とシリア語が彫られていています。西方教会のギリシア語やラテン語で書かれた墓石類は見つかっていませんので、東方教会であると言えます（画像43）。

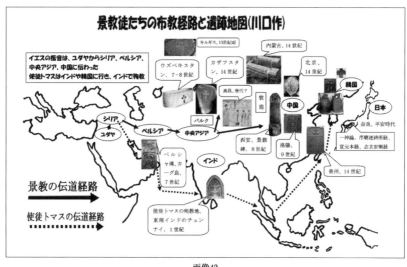

画像43

　中国の高昌では景教徒の壁画が、敦煌では経典や論書が発見されており、景教徒が長安に入る前に集会していたことが分かります（画像44～46）。また、845年頃に国外追放となって以降は、中央アジアやモンゴル、福建省などに離散し、行先で集会し、墓石などの遺跡を遺しています。

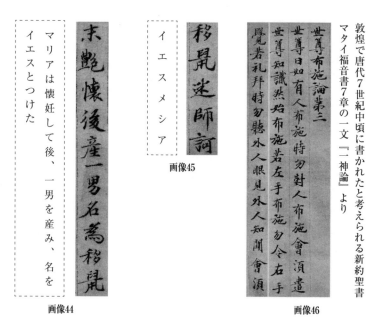

敦煌で唐代７世紀中頃に書かれたと考えられる新約聖書
マタイ福音書７章の一文 『二神論』より

世尊布施論第三
世尊日如有人布施特勿對人布施會須遣
世尊知識熱始布施若左手布施勿令右手
覺若礼拝時勿聴外人眼見外人知聞會須

画像46

移鼠迷師訶

イエスメシア

画像45

末艶懐後産一男名爲移鼠

マリアは懐妊して後、一男を産み、名を
イエスとつけた

画像44

2017 年 5 月と 2018 年 5 月にこの地を訪ね、会堂跡遺構を見学しました。その時、帝京大学遺跡調査団の発掘現場に出会い、説明を聞く機会を得ました（画像 47 〜 55）。

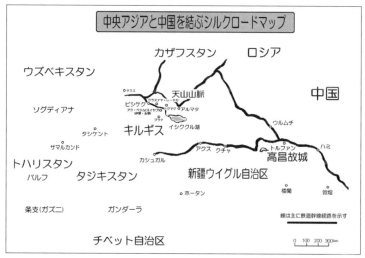

画像47

画像48　天山山脈の麓のホテル(ユルタ)

画像49　シルクロードの道

2017.5.11キルギス、古代キリスト教遺跡

画像50、51　スイアブ(砕葉)に築かれた唐代の東方教会堂遺構

　キルギスのスイアブ(砕葉)はソグド人町や中国人町もあり、国際交流の要所で、詩人李白の出生地との伝説もあります。玄奘は『大唐西域記』で素葉水城、窣利(ソグド)とも記しています。近くには戦場跡タラスがあります。

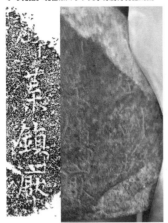

杜懐寶碑　682年建碑　砕葉(スイアブ)の文字が冒頭に彫られる。キルギスのアク・ベシム遺跡から発掘。現在はスラブ大学付属博物館所蔵

画像52　砕葉鎮の字が見える

画像53　多くの瓦片が発見された

画像54　懐の漢字

画像55　唐代の中国人住居跡

この地を帝京大学シルクロード学術調査団が2017年以降発掘調査する

2018 年 5 月、スラブ大学付属博物館の考古資料室の展示品や杜懐寶碑と十字シリア語墓石を見学。さらに町の小さな博物館では十字とシリア語文字の墓石を拓本採取することが許され、この拓本をもとに帰国後、複製を制作しました（画像 56～59）。

画像56　　　　　　　　　　　　画像57

画像58　　　　　　　　　　　　画像59

⓭ 碑を拓本する

画像60、61　著者による春日井景教碑の拓本風景

この拓本作業は石の規模が大きく文字数が多く、一日がかりの難しい作業でした。少しでも風が吹いてきた時は、はがれないよう気をつけて作業をします。今回はよくできました（画像60、61）。

コラム①　拓本について

　拓本は古代中国で始まり、石や青銅器に彫られた文字や図画に紙をはり、墨で写し取るもので、魚拓とは異なります。

　その作業は、石に彫られた凹凸部分に紙をはり、刷毛でたたくか、布で押し付けて丁寧に凹部分に紙を密着させ、乾いてからタンポに墨をつけて丁寧に墨を打つと凸部分に墨がついて文字などが浮き彫りになります。墨で打つ回数により文字の濃淡が出来ます。文字が浮き彫りになる瞬間に驚きと感動があり、その魅力で大きな石碑でも仕上げようとする力が湧いてきます。

■ 第2部 ■ 「書のまち春日井」における道風と空海と景教

1 道風と空海と景教のつながり

　春日井市は「書のまち」を文化・教育の特色として発展しています。能書家三蹟の一人の小野道風（894-967）が生まれた地として伝えられ書道教育が盛んです。道風は朝廷に仕え、書風としては、特に中国の王羲之の書を真似つつ、日本独自の和様書道を確立した一人です。松河戸町の道風公園には江戸時代（1815年）に建てられた遺跡碑があり、道風がこの地で生まれたと書かれてあります。もう一つの明治時代に建てられた「小野道風公発祥地」碑は上条町に建てられ、ともに春日井で生まれたと伝えています。

　他方、弘法大師空海（「弘法大師」の称号は没後の921年に朝廷から与えられ、灌頂名は大日如来の名の遍照金剛。773または774-835）は、804年に遣唐使として中国の唐の都・長安に行き、真言密教を学びその最高位につき、多くのものを習得して帰国しました。彼は書においては日本の三筆の一人に数えられる能筆家で、特に王羲之の書や唐の時代の書を学びました。自筆の「風信帖」や「灌頂歴名」などには顔真卿の書風が見られます。ほかに密教経典や儀式の法具など、多くをもたらしました。

　空海の教えは全国に広がり、お遍路信仰もよく知られています。

> **コラム②**　**書道史の三筆**
>
> 　三筆は空海、嵯峨天皇、橘逸勢の三人で、9世紀平安時代初期の能書家。中国の優秀な書の作品（王羲之、顔真卿ほか）を臨書（手本とそっくりに書く）して自分の書を確立。日本の書道史上に大きな影響を与えました。橘逸勢は空海と共に唐に渡り、本場の中国で直接臨書しつつも和様書には至りませんでした。

春日井市のJR中央線・勝川駅北には弘法通りがあり、崇彦寺境内とJR中央線・春日井駅北の正栄寺には空海像が建っています。弘法大師信仰が盛んだったようで、信者さんたちの集いの講があって栄えていたと聞いています。

　「書のまち」春日井には道風くんのマスコットも作られ、市の特色を宣伝しています。その目玉の一つとして書道作品を収蔵している春日井市道風記念館があり、道風の書の複写やさまざまな書の作品が展示されています。書に関しての講座も開かれています。

　同館発行の図録『春の特別展　唐代の書』（2004年4月発行：画像62）には、多くの拓本の中の一つとして「景教碑の拓本」が38-39頁に掲載されています（画像63）。その中の解説として「景教碑は……明代に長安の崇仁寺から出土したもので、西安碑林に現存する。唐代に景教が流行したことが記され、中国宗教史上でも重要な資料とされる」とあります。これにより景教碑の拓本も、多くの春日井市民や周辺の方々が目にされたことでしょう。それは書のまち春日井にふさわしいことであったと考えます。

画像62

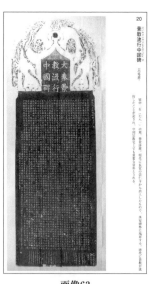

画像63

　道風と空海と景教碑を書いた呂秀巌（秦の始皇帝の子孫）の三者は時間と空間が違っていながらも、共に唐代に生き、共に王羲之らの書風の影響を受け、共に後世に影響を与えました。そしてこの三者は、景教碑が春日井市に建ったことにより、しっかりとつながったのです。

② 空海が唐で出会う主な人々

　空海が生きていた時代の日本の仏教は奈良仏教で、彼はその修行をしつつも奈良仏教では飽き足らず、密教を求めて唐に渡りました。二年間修行して真言密教を持ち帰り、京都の東寺や和歌山県高野山で広めたことは有名です。

　空海の中国での足取りですが、長安（今の西安）にあった醴泉寺に行き、インドのサンスクリット語をインド僧の般若三蔵から学びました。青龍寺では僧恵果から密教を学んで入信し、伝法阿闍梨位の灌頂を受けました。灌頂名は遍照金剛で、それは大日如来のことです（画像64）。

画像64

　この般若三蔵と、景教の指導者のペルシア人景浄（別名アダム）が知り合いで、胡語のソグド語経典『大乗理趣六波羅蜜多経』を協力し合って漢訳しましたが、不出来で途中で頓挫しました。しかし後に般若が漢訳した

経典が空海に託され、空海がそれを日本に請来しました。ここで景浄と般若と空海がつながるのです。

　空海は滞在先の醴泉寺から義寧坊に建つ大秦景寺や景教碑を見学し、その儀式や教えにも触れたのではないかと推察します。後述するように、空海の教えには聖書のことばに似た教えがあり、儀式や教義にも似た部分があるからです。

❸ 空海の唐での足取り

A　第16回の遣唐使（船）での足跡

(1)　804（延暦23）年5月12日に留学生として難波を発つ。空海31歳。還学生の最澄（767-822）も別の船で同行。空海の船は暴風で流され8月10日に福州に着きます（画像65）。

画像65　遣唐使として最澄と空海が九州から中国に渡った船旅の経路図

(2)　空海は、西安の醴泉寺に行き、般若三蔵にサンスクリット語その他の教えを受けます。空海著『秘密曼荼羅教付法伝』に「貧道、大唐の貞元20年、長安の醴泉寺において般若三蔵および牟尼室利三蔵に南天の婆羅門等の説を聞くに……」とあり、空海が醴泉寺にいて、サンスクリット語を習得するために般若に出会ったことが分かります。それは始めからの計画だったと考えられます（画像66、67）。

画像66　空海記念碑。著者撮影

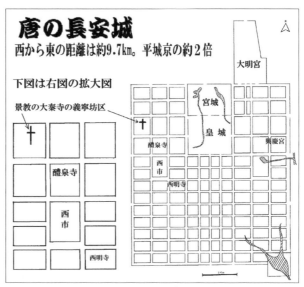

画像67　空唐代の長安城内の街の一部。大秦景教の寺院。空海が辿った密教関係の寺院図

(3)　『御請来目録』の冒頭に、「延暦23（804）年、命を受けてはるばる海を渡った。同年12月長安に着き、24年2月10日、勅により西明寺に住し、周遊し諸寺を訪ねる」（画像68）とあり、空海が西明寺にもいたことが分かります。この時に諸寺を訪ねた寺の中に、大秦寺会堂があったと考えられます。

延暦廿三年衛
命留學之末問
津萬里之外其
年臘月得到長安
廿四年二月十日准
勅配住西明寺爰則
周遊諸寺訪擇師依
幸遇青龍寺

著草履歴城中
幸遇中天竺國
般若三藏及内
供奉慧果大阿
闍梨膝歩接足

画像68　『御請来目録』の冒頭の一文　　　　画像69　『遍照發揮性霊集』第五41

（筆文字は著者）

⑷　弟子の真済（800-860）が編集した『遍照發揮性霊集』（訳すと大日如来である空海文集）巻第五41「与本國使請共歸啓（本国の使いに与えて共に帰らんと請う啓）」の一文には、「草履を著いて長安城の中を歩きまわり、幸い中天竺國（インド中部）の般若三蔵と宮中の内道場に仕えていた恵果大阿闍梨（空海の師）に会い、膝をついて歩みより、足元に近づき頭をたれて礼拝する」（画像69）とあり、恵果と般若三蔵とのめぐり合わせについて書かれています。

⑸　805年5月下旬ころ、空海が住んでいた西明寺の志明談勝法師ほか、数人らと青龍寺の恵果を訪問。6月に胎蔵界の伝授、7月に金剛界の伝授、8月に伝法阿闍梨位の灌頂（遍照金剛の名を受ける）を授かり、密教の教えを得ます。12月15日に恵果死去。806年8月に帰国します（画像70）。

画像70　現在の西安の青龍寺敷地内の空海と師・恵果の壁画

B　空海と景教との接点

　醴泉寺や西明寺と近い距離にあったのが景教の大秦寺（会堂）です。空海は大秦寺敷地内に建っていた大秦景教流行中国碑やそこでの礼拝風景を見て、聖書の教えを聞いたのではないかと推察されます。その理由として、空海が師事してサンスクリット語を学んだ般若三蔵の存在があります。その般若について『貞元新定釈教目録巻17』には、胡語（ソグド語）で書かれた『大乗理趣六波羅蜜多経』を景浄牧師と共同で漢訳した際のことが書かれています。般若三蔵はペルシア語が分からず、景浄はサンスクリット語が分からずに漢訳が失敗に終わった後、般若がサンスクリット語から全訳したようです。

　この『貞元新定釈教目録巻17』で西明寺の円照が記した時代は、空海が入唐する16年ほど前の貞元4（788）年4月19日でした。

　このことから、空海の師である般若三蔵、空海が起居した西明寺の僧円照、そして牧師の景浄たちは相互に関わりがあったと考えられます。そして円照が中国人であるとするなら、空海（日本人）、般若（北インド人）、景浄（ペルシア人）の三人は外国人同士、互いに興味を持ったとも考えられます。

　空海と般若との親しい関係は空海著『御請来目録』や『性霊集』（巻5）に記されています。

　このような状況から、空海の耳目には基督教の影響が少なからずあったと考えられます。聖書の基本的な教えや礼拝風景は、真言密教を設立する際の良きヒントとなったのではないかとも考えられます。

> **コラム④**　「弘法筆を選ばず」は俗説か真説か
>
> 　性霊集で「書をよくする者は必ず良い筆を用いるべきであり、細工する際には用途により刀を替えるように、字を書く時にはそれに応じて筆を取り替えて使用すべきである」とあり、弘法筆を選ぶが正しく、唐では熱心に臨書していました。

4 空海に影響した景教

　空海の書物に景教に関する文言はないのですが、彼の教えや言葉には景教の影響があるのではと考え、次に似た部分を取り上げました。

A　似て非なる言葉

　次の言葉は、仏教の中には見当たらないと思います。如来が遠い存在ではなく、近くにいて、心にいる。

空海の言葉

「法身（大日如来）はどこにおられるのか。遠くにおられるのでなく、身のうちにおられる。如来の教えはどこにあるのかと言うと、私の心にあり、近くにある。過去もなく永遠に天にある。（歸命三寶　法身在何　不遠即身　智體云何　我心甚近　本来無去　鎮住満月之宮)」（『遍照發揮性霊集』巻第7）

「仏法、遙かにあらず、我が心中にしてすなわち近し。真如（悟り）、外に非ず、身を棄てて、何んか求めん。迷悟我に在れば、発心すれば、即ち到る。」（般若心経秘鍵。明曠著『般若心経疏』を参照)。

　だれもが覚る心を起こせば覚れるのだと言う発菩提心、悉有仏性説もありますが、他方で紀元前千年以上前からの聖書のことば、モーセが語り、後にイエスの使徒パウロが語った有名な言葉とも酷似しています。空海が口頭で弟子たちに何度も語っていたとするなら、それは聖書のことばからヒントを得たとも考えられます。

聖書の言葉

「みことば（神）は、あなたの近くにある。あなたの口にあり、あなたの心にある。」（ローマ10：8）

> 「まことに、みことばは、あなたのごく身近にあり、あなたの心にあっ
> てあなたはこれを行うことができる。」
>
> 漢文、明治16年「惟其言切近于爾在爾口在爾心致爾可行之」(申命記
> 30：14。)

画像71の「般若心経秘鍵」、「性霊集」の筆文字は著者によります。

B 似た教え

和歌山県高野山入口に大門があり、二枚の板碑には「不闕日々之影向　検知處々之遺跡」(画像72)(高野山のものは興教大師の筆による)と書かれています。それは空海が生まれた香川県善通寺の山門にもあります(画像73)。その意味は、空海は弥勒の浄土である兜卒天の雲の上にいながらも、いわれのある場所や遺跡に日々出向いて現れ、信徒を助け救っているというのです。ここから同行二人巡礼(いつでも大師と一緒)が起き、巡礼者の死後は空海とともに弥勒の場所の兜卒天(とそつてん)に入れるとの信仰が民衆化していきました。四国八十八ヵ所遍路の同行二人信仰もその端的な表われと言えましょう。

夫佛法非遙　心中即近　真如非外
棄身何求迷悟在我則發心即到
⇧ 般若心経秘鍵

歸命三寶法身在何不遠即身智體去
何我心甚近本來無去鎮住満月之宮
⇦ 性霊集

画像71

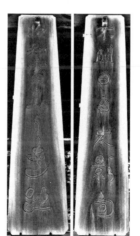

画像72

画像73　善通寺入口の柱聯

高野山が聖地である理由の一つには、空海を生き仏として崇める大師信仰があります。別名「曼荼羅の世界」「法身＜ほっしん＞大日如来の里」とも呼ばれる信仰の聖山です。奥の院に大師の墓はなく廟があり、活きて信者を守っているとの大師信仰。空海自身が中国の恵果から灌頂を受ける際、遍照金剛の称号を得て、大日如来の化身であると自覚していました。そして弟子たちには「心ある者は私の名号＜遍照金剛＞を聞いて恩徳の由来を知りなさい」と語っていました（空海著御遺告第17条、空海62歳、835年作）。

　その17条文の訳は次のとおりです。

●現代訳＜真言宗の祖師や私空海の顔を見なくとも心ある者は必ず私自身の名号（遍照金剛）を聞いて恩徳の由来を知りなさい。これは私が死骸になっても人からの労わりを求めるものではない。密教生命を継続させ、龍華樹の下で三度の説法の集会を開きたいからだ。私は目を閉じてから兜率天に昇り、弥勒菩薩の前に行く。そこで雲間から地上を垣間見、弟子たちの様子を見る。そして56億7千万年後に、私は弥勒と共に地上に帰って来る。私の入滅の跡を見よ。よく勤める者を天に救い、不信者は不幸を見るであろう。今後も努力あるべし、おろそかにしてはいけない。＞

　この教えは聖書の中で、イエスが死んで復活し天に上って着座し、天から見守り、やがて地上に来て信者を迎え、不信仰者は神の裁きに服すというのと非常に似ています。クリスチャンたちの間には、イエスの召天後すぐに再来信仰も起き、今もイエスは天にいます父なる神と共に永遠に生きておられ、地上では聖霊がいつも一緒にいて慰め、励まし、イエスの来られるのを待ち望んでいるという信仰があります。それと似ているのが、弘法大師の一信仰者の方の次のような言葉です。

「お大師さんは今も生きておられます。みんなのそばにおられるし、いまも遍路を続けておられます。過去から現在に至るまで、多くの人が実際にお大師さんと出会っていますし、目撃や出現情報は数多くあります。これは、なんでしょうか。よく考えますと、お大師さんが兜卒天に行かれて、今この世界にお留守なら、どうも大師信仰に矛盾が出てきます。そこで、みんなが納得する考えは、高野山奥の院の奥のご廟にいまも住んでおられるという考えです。現に、高野山の諸寺でのお護摩は、諸仏に行われますが、奥の院では大師護摩を行います。こういう考えが、大師入定後200年には、日本中に定着していたようです。平安時代に藤原道長が信じていたという記事もあるそうです。今の高野山は道長寄進のお堂で復興したとか。白河上皇がたくさんの灯明を寄進され、今も『白河灯』があるわけです。今の金剛峰寺は秀吉の造りとか。紀元1000年ころから、以来1000年間、私たちは、お大師さんが今も生きて高野山におられることを信じ続けているわけです。

　現実に、あのご廟の五輪塔の下が、どんな状況であるかは、誰も問題にはしません。毎日、二度の食事が届けられ、高野山の僧侶のみでなく信者、観光客に至るまで、ご奉仕・お接待もうしあげているわけです。

　仏陀が入滅されたのち、将来仏となってこの世にあらわれて法を説き、衆生を救う約束がなされているのが弥勒菩薩で、すでに将来仏となることが約束されていますので、菩薩ではなく『弥勒仏』ともいわれます。ただいま兜率天において修行、思念中であるとされています。 しかし、その弥勒さまが救世仏として兜率天からこの世に出現するのは、釈迦の入滅後の56億7000万年後であるとされています。その時に、空海もこの世界に臨むと言われています。」

　これらはやがて地に主イエスが来臨する信仰と非常に似ています。

5 真言密教とキリスト教の似ている部分と違い

(1) 空海の「南無大師遍照金剛」とイエスの「南無イエス・キリスト」信仰の違いについて

空海が生きているという入定信仰が起きると、空海は釈迦から再来する弥勒如来の間に生きる大導師とされていきました。

「虚空尽き、衆生尽き、涅槃尽きなば、わが願いも尽きん。願わくばこの光業＜除闇遍明＞により、自他を抜済せん。同じく共に一覚に入らん」と大誓願しました。そして、釈迦滅後に弥勒菩薩がこの世に現れるまでの間の「二仏中間の大導師」として、信者の心の中に生きています。

お大師さんは日ごろ「定」に入っておられますが、手を合わせ、御宝号を唱えることで、「定」より出て常に私たちを見守って下さいます。そして弥勒菩薩がこの世に現れるときに、弥勒と共に再び現世に現れるのです。「南無大師遍照金剛」と唱える信徒とともにいるというのが彼らの信仰です。南無とはサンスクリット語のナモで、帰依する、敬う、信じるとの意味があります。金剛・ダイヤモンドのように光り輝き、遍く照らすのが空海であると言われています。

キリスト教信仰は、「イエスをキリストと信ず（南無イエス・キリスト）」であり、全く信頼し畏れて生きることで、聖書は「主イエスの名を呼び求める者はみな救われる」と教えています（『新約聖書』ローマ 10 章 13 節ほか）。そして信頼する者といつも一緒にいてくださる方が聖霊で、ここにキリスト教の三位一体と同行二人信仰があります。

ただしイエスの十字架での死刑は、ローマ帝国の法に則って、多くの人の前でなされました。そして、三日目の日曜朝に復活したとされるのがイエス・キリストです。空海の死は不明となっており、死から復活していないので、死んだままであります。この点は大きな違いと言えましょう。

(2) 灌頂と洗礼

　真言密教の信徒になるには一つの儀式を行います。これ
まで何度か言及してきた灌頂（画像74）で、初心者は宇
宙を支配する大日如来と縁を結ぶ結縁灌頂を体験します。
目隠しされて胎蔵曼荼羅・金剛界曼荼羅の上に華を投じ、
落ちた所の仏と縁を結ぶとされ、その場で頭の上に知恵の
水を灌いでもらう儀式です。

画像74

　他方、『新約聖書』には紀元後、ヨルダン川でイエスに洗礼を授けたバ
プテスマのヨハネがいました。イエスの信者になるには、イエス・キリス
トを「真の神、真の救い主」と信仰告白して、洗礼を受ける必要がありま
す。そして信仰生活が始まると聖書は教えています。多くのキリスト教会
はそれを教えています。

　灌頂が頭に水を灌ぐのに対し、洗礼は父・子・聖霊の名で水のバプテス
マを川か屋内で、頭か額か全身かに授けます。ローマ教会や東方教会では
洗礼名がつけられますが、これも似ています。

(3) 中印と十字の切方

　キリスト教では現在、プロテスタント信徒たちは十字を切ることをしま
せんが、東方教会やローマ・カトリック教会では現在も指で十字を切りま

す。その切り方が真言宗の中印と似ている
のではないかと考えます。「中印」の中の
字を書く形が十字を切るのと似ており、当
時の景教徒たちからヒントを得たのではと
考えます。尚この灌頂は、古代インドの王
の戴冠式の時になされた儀式であるとも伝
えられています（画像75）。

画像75

⑷ 空海が請来した暦曜・こよみ

　空海がもたらした宿曜経の暦では、平安時代以降の暦に必ず日曜を「蜜」と記しました。暦の七曜は、藤原道長（966-1027）らの日記にも毎日書き込まれました。その七曜（古代バビロニアからローマに入る）と、キリシタンが使用していたユリウス暦（紀元前46年〜1582年10月4日、木曜日）と、十日間を削除してそれを継承した現行のグレゴリウス暦（1582年10月15日、金曜日以降）の七曜とが不思議と一致していたことが故・森下藤雄氏によって研究され、大澤真里氏が2000年発行の『名古屋キリシタン文化研究会会報』で発表しました。

　それによりますと以下の邦暦とユリウス暦の曜日が全く一致しています。

邦　　　暦	ユリウス暦	出　　典
長徳4年8月4日（日）	998年8月29日（日）	御堂関白記
寛弘元年5月14日（日）	1004年6月1日（日）	御堂関白記
文永4年3月1日（日）	1267年3月27日（日）	深心院関白記
応安2年4月7日（日）	1369年5月13日（日）	後深心院関白記
永禄9年1月6日（日）	1566年1月27日（日）	言継卿記

　具注暦（奈良時代から公家において用いられている旧暦の暦本。漢字のみで書かれており真名暦とも言う）には歳位十二直、二十四節気、干支、宿星、吉凶などが記入されていますが、藤原道長の日記や13〜14世紀の関白記の具注暦には七曜と日曜日に併記して「蜜」の字も記されています。この「蜜」は、景教の影響を色濃く受けて作られた暦の七曜に読まれるソグド語「mir」の漢字への音訳と考えられます。景教徒の中にはソグド語を話す者たちも多くいて、七曜は、日曜を蜜mir、月曜は莫makh、火曜は雲漢wunkhan、水曜は旺tir、木曜は鶻勿斯wurmazt、金曜は那歇

naklud<nakhid>、土曜は根浣kewanとしていました。

　空海は雨乞いや祈願の修法を実施する時は、いつも蜜である日曜日に満願になるようしていたと言われます。空海が日曜日を特別視していたと考えられるなら、その根拠は、大秦寺で行われていたイエスの復活日の日曜蜜礼拝と関係があるのではないでしょうか。

　空海も日曜を重視していたということから、空海の密教の起源はイエスの復活を自分に重ねたものとも考えられ、もしそうであるなら、まさに密教とは疑似復活宗教と言えます。空海が今も生きて民衆を救っているとの説があるのは、その証と言えないでしょうか。

⑸ 世界観

　画像76は五輪塔ともいわれるものです。密教の大日経に六大（地・水・火・風・空・識）の教えがあり、六大は法身大日如来の表れといいます。それを石で表現したのが図の五輪塔で、木の板で表現したのが卒塔婆です。主に真言宗系の墓地に多く見られます。万物は大日如来の表れとの考えは、万物・万人救済思想であります。

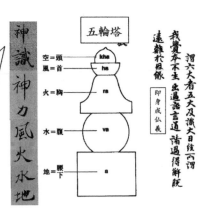

画像76

景教経典の一神論の中の「一天論」は、人と「地・水・火・風」は神力によって創造されたと教えています。人（魂魄）は不滅で種ある者として創造され、神識が創造主である神を知る種として宿っていると伝えています。

これらの地水火風の教えはギリシア思想とよく似ています。

⑹ いろは歌について

いろは歌は空海の作と言われていて、『高野山真言宗檀信徒必携』（高野山真言宗教学部発行、1988年）では、「宗歌　いろは歌」弘法大師　御詩となっています。

『空海辞典』（金岡秀友編、東京堂出版、1979年）は諸説をあげ、空海作でないことを論じています。その理由として、「空海没後250年間、『いろは歌』のことがまったく聞こえなかったことは、これが空海作にあらざることのもっとも大きな理由」と述べています。

空海作の説を唱えたのは、平安時代の天台宗僧侶の源信（942-1017）の法話であったとの説があります。大江匡房（1041-1111）が、そのことを伝えたとされています。いろは歌は、昭和の戦前まで国定教科書、初等科国語八の六年生教科書の題材にもなりました。また、五十音図も空海によるという説もあります。

いろは歌の現存資料の古いものは、『金光明最勝王経音義』（1079）にあるもので、冒頭には「まず付する所のかな（借字）を知りなさい」とあり、縦七字と七行、47文字で書かれています（画像77）。

詳しく知りたい方は『いろはうた』（小松英雄著、中公新書）ほかを読ま

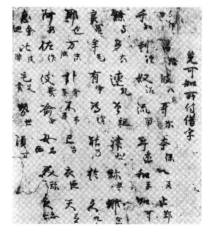

画像77

れるとよいでしょう。

　平安時代末期の興教大師・覚鑁（1059-1143）は、『密厳諸秘釈』第八で、いろは歌には仏教思想が込められており、それは大般涅槃経にある「諸行無常　是生滅法　生滅滅已　寂滅爲楽」を歌ったものだと唱えました。

　「人生には変化があり、いつかは世を去る。険しい道もあるが、人生に酔うこともはかない夢を見ることもなく生きるのだ」ということでしょうか。

著者による自筆と作図　（咎なくて死す）すしてくながと

画像78

　ところで、咎なくて死んだ者はだれかを考えれば（画像78の表の下一行）、著者がいろは歌を筆文字で書いた図に、丸で囲んだ「いえす」ではないかとも思われます。罪も咎もなく、人類の身代わりとなって殺されたイエスの代償死は多くの人が知っています。イエスは罪も咎もなく、十字架に架けられ、罵られ、唾を吐きかけられ、茨の冠を頭に架けられ、血を流しつつ槍で刺されても、報復もせずに彼らのために祈り、罪を赦したのでした。

　しかも三日目の日曜日の朝に死から復活し、栄光の姿で天に帰りました。生きていることが罪のない証明です。聖書では人間の死は、造り主である神に背いた罪の棘であり、死は恐怖であり苦しみです。しかしその恐れと

苦しみを身代わりとして引き受け、自ら死んで癒しと慰めを与え、永遠のいのちを復活という形で現したのです。

　いろは歌の内容には、他にも仏教の人生観ではなく、聖書の人生観を説いたものであると思えるところがあります。すなわち『新約聖書』ペテロの手紙一1章24節、25節の言葉ではないかと。

　「人はみな草のよう。その栄えはみな草の花のようだ。草はしおれ、花は散る。しかし神のことばは永遠に立つ。」

　では奈良と平安時代に、キリスト教や聖書のことばが伝わっていたのでしょうか。

　ユダヤからシルクロードを通じてユダヤ教やキリスト教が古代日本に秘かに伝わっていたとは、遺跡ほかが存在しないことから実証できません。「いちよらやあゑ」（画像78の表の上一行）をヘブル語で訳すと「素晴らしいヤーエ」となります。しかし、イエスという読みは日本語の言葉であり、ヘブル語でもシリア語でもイエスではなく、イェシュア（ヨシュア）と読みますから、つじつまが合いません。

　結論として、空海説も柿本人麻呂説（「いろは歌」を柿本人麻呂の暗号を使った遺書とする説）も景教徒説も、はっきりと言える証拠がないのです。

6 高野山と景教碑

　勝川にある高野山真言宗崇彦寺の住職は、高野山で修行して春日井に来られたそうです。

　29頁で紹介したように、高野山の奥の院には多くの石碑が林立していて、一の橋を過ぎたところに景教碑が建っています。密教の聖地でキリスト教の景教碑があることは大変珍しいと聞いています。1911（明治44）年にイギリス人ゴルドン夫人が寄贈したもので、碑の右にはゴルドンの墓碑の五輪塔が建っています。

著者は大学で仏教学を専攻していた時、高野山での密教学会に出席し、その後、高野山の宿坊で講演もしました。

画像79の高野山碑の写真からは、建立したゴルドン女氏の思想の反映が感じられます。

画像79

本書では、空海と景教の知られていない部分に光を当て、中国、中央アジアや西アジアまで旅し、高野山に至り、春日井に戻ってきました。

空海信仰の原点は高野山であり、空海自身の原点は唐代中国の長安であるゆえに、嵐に見舞われる日本海を渡って、生死を左右する大きな旅をしてきました。景教の原点は西アジアや中央アジアであり、あの大きな天山山脈と険しい山や谷の困難の中、東方の中国へと向かいました。両者が共に求めた先は当時国際都市の長安でした。空海は真理を求め、景教は真理を伝えました。

空海は遍く照らす「遍照」の灌頂名を得たましが、景教の景である大きな光・永遠の光はイエスで、すでに多くの人の心に永遠の光の教えが燈されていました。真言宗は真のことば。イエスはいのちのことば、真理のことば。中身が違うものの似ています。

ヨハネ福音書の冒頭には、「初めにことばがあった。ことばは神とともにあった。ことばは神であった。……すべてのものはこの方によって造られた。……この方にはいのちがあった。このいのちは人の光であった。光は闇の中に輝いている」と記されています。

画像80

画像81

画像82　2001年5月、高野山での拓本
採取

画像83

56

７ 景教碑に関する年表

629年	玄奘三蔵が長安からインドへ（645年帰国。後に空海が玄奘訳・般若心経を使用）。
635年	初代宣教師の阿羅本ら21名が唐・長安に入り皇帝に会う。３年後（638）に布教の許可発令。
698年–699年 712年–713年	景教徒迫害を受ける。
744年	大徳佶和、羅含、普論ら17人がペルシアから派遣される。
755年–763年	安史の乱　伊斯の活躍。
775年	恵果が長安の青龍寺で阿闍梨の地位に就く。
781年	長安（西安）の義寧坊に景教碑が建つ。
782年	般若三蔵がインドから入唐。
804年	空海が入唐（806帰国。835入定）。
845頃	武宗皇帝による迫害（道教以外に対する）と国外追放。景教碑は土に埋められる。
894年	小野道風、春日井で生まれる（「屏風土代」の書35歳）。
1623年か 1625年	景教碑が西安で土の中から発見され、ヨーロッパに紹介される。
1907年	ホルムが模刻碑を多く造り、諸外国や京都大学に寄贈する。
1907年	景教碑の本物が西安碑林博物館に移される。
1911年	ゴルドンが高野山と北朝鮮金剛山に模刻碑を寄贈する。
2014年	愛知県春日井市に模刻碑が建つ。

おわりに

　著者は若いころから書を学んできました。今、教える者として常に思うことは、書においては、古代の筆跡を臨書（手本とそっくりに書くこと）して、その筆者の書法や心を理解しようと努めることです。今回取り上げたテーマの空海は、遣唐使として長安に渡って修行していたおり、今日のような電気もストーブもない中、寸暇を惜しんで王羲之はじめ当時の書をひたすら臨書して、自分の心と体に覚え込ませ、眼に焼き付けていたのでしょう。その光景が目に浮かびます。若い時からひたすら臨書することは大切なことで、それが自己形成や作品作りにも大きく影響していきます。

　小野道風においても、彼は中国には渡りませんでしたが、特に唐や晋の時代の書を学び、王羲之らの書を学んで、和様書道を築きました。

　私は中年になって独学で拓本作業をするようになりました。自分が書いた聖書の一つ一つの名言を、石に遺し伝えたいと願ったからでした。そして石に彫られた文字を拓本して楽しもうと考えました。やがて拓本採取のコツが分かるようになり、景教碑の拓本の注文依頼もあり、楽しんでいます。

　このたび「ふるさと春日井学」研究フォーラム会長の河地清さまより、原稿を作るようおすすめをいただきました。また原稿の校正では渋井康弘さまにご尽力いただき、出版まですべてを三恵社の片山剛之さまにご尽力いただきました。皆さまに心より感謝の意を申し上げます。

〈参考文献〉

青山玄編『名古屋キリシタン文化研究会会報』2000 年

金岡秀友編『空海辞典』東京堂出版、1979 年

川口一彦編著『景教　シルクロードを東に向かったキリスト教』イーグレープ、2002 年

川口一彦編著『景教（改訂新装版）　東周りの古代キリスト教―景教とその波及』イーグレープ、2014 年

川口一彦『景教碑の中のシリア語』私家版、2020 年

河地清『小野道風の風景　シリーズふるさと春日井学 1』三恵社、2020 年

桑原隲藏『東洋史説苑』弘文堂書房、1927 年

小松英雄『いろはうた』中公新書、1979 年

ホルム『My Nestorian Adventure In China』上海科学技術文献出版社、2011 年

『空海之書　弘法大師書蹟大成』東京美術、1979 年

『弘法大師真蹟集成　縮印版　並びに解説』法藏館、1979 年

『高野山真言宗　檀信徒必携』高野山真言宗教学部、1988 年

『書道全集第 10 巻』平凡社、1956 年

『日本古典文学大系 71　三教指帰　性靈集』岩波書店、1965 年

『春の特別展　唐代の書』春日井市道風記念館発行図録、2014 年

その他、参考にする書物も多々ありましたことを記しておきます。

撮影写真は著者によるものです。

〈著者〉

川 口 一 彦（かわぐちかずひこ）

愛知福音キリスト教会宣教牧師・日本景教研究会代表・基督教教育学博士。会報季刊誌「景教」を発行。
愛知書写書道教育学院院長・書家。書道団体「以文会」監事。東海聖句書道会会員。
著書の『景教』、『仏教からクリスチャンへ』、『一から始める筆ペン練習帳』はイーグレープから発行。アマ
ゾンからも購入可能。

景教碑の風景
「書のまち春日井」の新碑跡「大秦景教流行中国碑」そして道風と空海

2022 年 2 月 1 日　初版発行

著　者　　川口 一彦
発行所　　株式会社　三恵社
　　　　　〒462-0056 愛知県名古屋市北区中丸町 2-24-1
　　　　　TEL 052-915-5211　FAX 052-915-5019
　　　　　URL https://www.sankeisha.com/

ISBN978-4-86693-436-5